Mme Général Talboys

Anthony Trolope

Writat

Cette édition parue en 2024

ISBN : 9789359948812

Publié par
Writat
email : info@writat.com

Selon les informations que nous détenons, ce livre est dans le domaine public. Ce livre est la reproduction d'un ouvrage historique important. Alpha Editions utilise la meilleure technologie pour reproduire un travail historique de la même manière qu'il a été publié pour la première fois afin de préserver son caractère original. Toute marque ou numéro vu est laissé intentionnellement pour préserver sa vraie forme.

MME. TALBOYS GÉNÉRAUX.

POURQUOI Mme le général Talboys avait décidé pour la première fois de passer l'hiver 1859 à Rome. Elle m'expliqua ses intentions, peu après son arrivée dans la Ville éternelle, en déclarant, avec son propre enthousiasme, qu'elle était inspirée par un désir ardent de boire frais aux fontaines encore vivantes de la poésie et du sentiment classiques. Mais j'ai toujours pensé qu'il y avait quelque chose de plus que cela. La poésie classique et le sentiment lui étaient sans doute très chers ; mais il en était de même, j'imagine, pour le confort substantiel de Hardover Lodge, la maison du général dans le Berkshire ; et je ne pense pas qu'elle aurait émigré pour l'hiver s'il n'y avait eu quelque léger malentendu domestique. Mais qu'il soit bien clair : un tel malentendu, s'il existait, devait être simplement une affaire d'humeur. Aucune irrégularité de conduite n'a, j'en suis sûr, jamais été imputée à la dame. Le général, comme tout le monde le sait, est sexy ; et Mme Talboys, lorsque les doux fleuves de son enthousiasme ne sont pas alimentés par des eaux agréables, peut, je crois, se rendre désagréable.

Quoi qu'il en soit, en novembre 1859, Mme Talboys vint parmi nous, Anglais, à Rome, et réussit bientôt à se faire une place confortable dans notre société. Nous la pensions tous plus remarquable par ses qualités mentales que par sa perfection physique ; mais néanmoins elle était, à sa manière, une femme voyante. Elle n'avait pas d'éclat particulier, ni dans ses yeux, ni dans son teint, qui produirait des flammes soudaines dans les cœurs sensibles ; elle ne semblait pas non plus exiger un hommage instantané sous la forme et le pas d'une déesse ; mais nous avons trouvé que c'était une belle femme d'environ trente ou trente-trois ans, avec des joues douces et couleur de pêche, un peu trop semblables à celles d'un chérubin, avec des yeux brillants à peine assez grands, avec de bons yeux. des dents, un front blanc, un menton fossette et un buste plein. Telle était, extérieurement, Mme le Général Talboys. La description de la femme intérieure est le but auquel seront consacrées ces quelques pages.

Il y a deux qualités auxquelles les meilleurs de l'humanité sont fortement soumises, qui sont presque liées l'une à l'autre, et pour lesquelles le monde n'a pas encore décidé si elles doivent être classées parmi les attributs bons ou mauvais de notre nature. Les hommes et les femmes sont sous l'influence des deux, mais les hommes subissent le plus souvent le premier et les femmes la seconde. Ce sont l'ambition et l'enthousiasme. Aujourd'hui, Mme Talboys était une femme enthousiaste.

Quant à l'ambition, bien que le monde soit d'accord avec Marc Antoine pour la stigmatiser comme une faute grave, je suis moi-même convaincu que c'est une vertu ; mais l'ambition ne nous préoccupe pas à l'heure actuelle. L'enthousiasme aussi, à mon avis, penche du côté de la vertu ; ou du moins, si c'est un défaut, de tous les défauts, c'est le plus joli. Mais alors, pour participer à la vertu, ou même pour être jolie à quelque degré que ce soit, l'enthousiasme doit être vrai.

La mauvaise monnaie se distingue de la bonne par son anneau ; tout comme le mauvais enthousiasme. Que le monnayeur soit toujours aussi habile dans son art, dans la frappe de l'enthousiasme, le son de l'or véritable ne peut jamais être communiqué au faux métal. Et je doute que la plus intelligente du monde soit capable de rendre le faux enthousiasme agréable au goût de l'homme. Au goût de n'importe quelle femme, l'enthousiasme d'une autre femme n'est jamais très acceptable.

Nous avons compris à la maison que Mme Talboys avait une famille considérable : quatre ou cinq enfants, nous a-t-on dit ; mais elle n'amenait avec elle qu'une seule fille, une petite fille d'environ douze ans. Elle s'était séparée, me disait-elle, des plus jeunes nourrissons de son cœur et les avait confiés aux soins d'une servante dévouée, dont l'amour était tout sauf maternel. Et puis elle dit quelques mots sur le Général, dans des termes qui me faisaient presque penser que cet amour quasi maternel s'étendait au-delà des enfants. Mais l'idée était erronée, à cause de la force de son langage, auquel j'étais alors peu habitué. Depuis, j'ai pris conscience que rien ne peut être plus convenable que la vieille Mme Upton, l'excellente infirmière en chef de Hardover Lodge ; et aucun gentleman plus discret dans sa conduite que le général Talboys.

Et je peux aussi bien déclarer ici qu'il ne peut y avoir de femme plus vertueuse que la femme du général. Son vœu de mariage était pour elle primordial par rapport à tous les autres vœux et liens quels qu'ils soient. L'honneur du général était en sécurité lorsqu'il l'envoya seule à Rome ; et il savait sans doute qu'il en était ainsi. Illi robur et æs triplex, dont je crois qu'aucune arme d'aucun assaillant ne pourrait prendre le dessus. Mais néanmoins nous avions l'habitude de croire qu'elle n'avait aucune répugnance pour l'inconvenance des autres femmes, pour ce que le monde appelle généralement l'inconvenance. Invinciblement attachée au lien du mariage, elle en parlait constamment comme n'étant en aucun cas nécessairement contraignant pour les autres ; et, vertueuse elle-même comme n'importe quel griffon des convenances, elle défendait constamment, en tout cas, la théorie de l'infidélité de ses voisins. Elle s'empressait de dénoncer les préjugés du monde anglais, déclarant qu'elle avait constaté que l'existence parmi eux n'était plus possible pour elle-même. Elle était chaude contre le manque de pardon sévère des matrones britanniques et tout aussi désireuse de réprouver les conventions rigides d'une religion dans laquelle elle disait qu'aucun de ses adeptes n'avait foi, bien qu'ils se laissent tous asservir.

Nous avions alors à Rome un petit groupe composé principalement d'Anglais et d'Américains, qui se réunissaient habituellement dans les chambres des uns et des autres, et passaient une grande partie de nos heures de la soirée à discuter de la politique italienne. Nous étions, pour la plupart, des peintres, des poètes, des romanciers ou des sculpteurs ; je devrais peut-être dire des peintres, des poètes, des romanciers et des sculpteurs en herbe, des aspirants espérant être un jour reconnus ; et parmi nous Mme Talboys prit sa place, assez naturellement, à cause d'un très joli goût qu'elle avait pour la peinture.

Je ne sais pas si elle a jamais créé quelque chose de grandiose ; mais elle faisait de belles copies et aimait en tout cas les conversations artistiques. Elle écrivit aussi des essais qu'elle montra confidentiellement à divers messieurs, et eut l'idée de prendre des leçons de mannequin.

Dans tout notre entourage, Conrad Mackinnon, un Américain, était peut-être la personne la plus qualifiée pour en être le chef. C'était quelqu'un qui gagnait absolument sa vie, et largement aussi, grâce à sa plume, et était considéré de tous côtés comme un lion littéraire, justifié par le fait qu'il réussissait à rugir sur n'importe quel ton qui lui plaisait. Son rugissement habituel n'était pas exactement celui d'une tourterelle allaitante ou d'un rossignol ; mais c'était un rugissement de bonne humeur, peu offensant pour aucun homme, et apparemment assez acceptable pour certaines dames. C'était un homme grand et costaud, d'une cinquantaine d'années sans doute, un peu maladroit dans sa démarche et un peu bruyant dans son rire. Mais quoique près de la cinquantaine, et donc maladroit, il aimait se faire sourire par les jolies femmes et aimait, comme certains le disaient, être flatté par elles aussi. Si tel était le cas, il aurait dû être heureux, car les dames de Rome faisaient alors grand cas de Conrad Mackinnon.

Personne ne faisait grand-chose de Mme Mackinnon, et pourtant elle était l'une des petites créatures les plus douces, les plus chères et les plus calmes qui aient jamais fait le bonheur d'un homme au coin du feu. Elle était d'une beauté exquise, toujours de bonne humeur, jamais stupide, renonçant à elle-même jusqu'à l'excès, et pourtant elle restait généralement en retrait. Elle se manifestait rarement de sa propre volonté, mais se contentait de s'asseoir derrière sa théière et d'entendre Mackinnon rugir. Il était certainement très porté sur ce que le monde à Rome appelait le flirt, mais cela ne la gênait pas le moins du monde. Elle avait vingt ans de moins que lui et pourtant elle n'avait jamais flirté avec personne. Les femmes, amies de bonne humeur, lui racontaient comment Mackinnon se comportait ; mais elle reçut cette nouvelle comme une excellente plaisanterie, observant qu'il avait toujours fait la même chose, et qu'il le ferait sans doute toujours jusqu'à l'âge de quatre-vingt-dix ans. Je crois qu'elle était une femme heureuse ; et pourtant je pensais qu'elle aurait dû être plus heureuse. Il n'est cependant pas possible de connaître l'intérieur de la maison d'un autre homme, ni de lire les énigmes de la joie et du chagrin d'un autre homme.

Nous avions là aussi un autre lion, un lionceau, autorisé à rugir un peu, et de lui aussi je dois dire quelque chose. Charles O'Brien était un jeune homme d'environ vingt-cinq ans qui avait envoyé de son atelier l'année précédente un certain buste, supposé par ses admirateurs comme inégalé par aucun effort de génie ancien ou moderne. Je ne suis pas un juge de la sculpture et je ne prononcerai donc pas d'opinion ; mais beaucoup de ceux qui se considéraient comme des juges déclarèrent qu'il s'agissait d'une « bonne tête et d'épaules » et rien de plus. Je mentionne simplement le fait que c'est grâce à cette tête et à ces épaules qu'O'Brien s'est séparé d'une foule d'autres comme lui à Rome, a marché seul pendant les jours et s'est jeté aux pieds de diverses dames lorsque les jours étaient finis. Il était monté sur les épaules de son buste et avait acquis une place importante dans notre cercle, et y avait rencontré beaucoup d'admiration féminine, de la part de Mme le général Talboys et d'autres.

Dix-huit ou vingt d'entre nous se réunissaient tous les dimanches soir dans le salon de Mme Mackinnon. Beaucoup d'entre nous, en effet, avaient l'habitude de se voir quotidiennement et de visiter ensemble les lieux de Rome les plus appréciés des étrangers amateurs d'art ; mais ici, dans ce salon, nous étions sûrs de nous réunir, et ici, avant la fin du mois de novembre, on pouvait toujours trouver Mme Talboys, non pas à un siège habituel, mais se déplaçant dans la pièce au gré des différentes attirances mentales masculines de chacun. notre société pourrait avoir la chance de bouger elle-même. Elle fut d'abord très impressionnée par Mackinnon, qui fut aussi, je pense, un peu ému par son admiration, bien qu'il nia vigoureusement cette accusation. Elle nous devint cependant très chère avant de nous quitter, et certainement nous lui devions notre amour, car elle ajoutait infiniment aux joies de notre hiver.

« Je suis venue ici pour me rafraîchir », dit-elle un soir à Mackinnon, à Mackinnon et à moi-même ; car nous étions ensemble.

« Dois-je t'apporter du thé ? » dis-je.

"Et tu auras quelque chose à manger?" » a demandé Mackinnon.

"Non non Non;" elle a répondu. « Du thé, oui ; mais, pour l'amour du ciel, que rien de solide ne dissipe les associations d'une telle réunion !

"Je pensais que vous auriez pu dîner plus tôt", a déclaré Mackinnon. Or, Mackinnon était un homme dont le propre dîner lui était très cher. Je l'ai vu devenir précipité et désagréable, même sous les piliers du Forum, lorsqu'il pensait que le parti mettait ses poissons en danger en voulant s'y attarder trop longtemps.

"Tôt! Oui. Non; Je ne sais pas quand c'était. On dîne et on dort en obéissance à cette argile terne qui alourdit si généralement la particule de notre esprit. Mais l'argile peut parfois être oubliée. Ici, je peux toujours l'oublier.

"Je pensais que tu avais demandé un rafraîchissement", dis-je. Elle se contenta de me regarder, dont les petites tentatives de composition en prose avaient jusque-là échoué, puis s'adressa en réponse à Mackinnon.

« C'est l'air que nous respirons qui remplit nos poumons et nous donne vie et lumière. C'est ce qui nous rafraîchit s'il est pur, ou nous plonge dans la stagnation s'il est impur. Laissez-moi respirer un instant le souffle d'une littérature vivifiante. Asseyez-vous, M. Mackinnon ; J'ai une question que je dois vous poser. Et puis elle réussit à l'entraîner dans un coin. D'après ce que j'ai pu voir, il s'y rendit assez volontiers à cette époque, même s'il devint bientôt réticent à prendre une longue retraite en compagnie de Mme Talboys.

Aucun d'entre nous n'a vraiment compris quelles étaient ses idées exactes au sujet de la religion révélée. Quelqu'un, je pense, lui avait dit qu'il y en avait parmi nous un ou deux dont les opinions n'étaient pas exactement orthodoxes selon les doctrines de l'Église anglaise établie. Si tel était le cas, elle était déterminée à nous montrer qu'elle aussi était avancée au-delà des préjugés d'une vieille et aride école de théologie. «J'ai renversé toutes les barrières de la religion», dit-elle à la pauvre Mme Mackinnon, «et je recherche les sentiments d'un pur christianisme.»

« Abattons toutes les barrières de la religion ! » » dit Mme Mackinnon d'un ton d'horreur qui n'était pas apprécié.

"En effet, oui", dit Mme Talboys d'une voix exultante. « Le temps de telles entraves n'est-il pas révolu ?

« Mais pourtant, vous tenez au christianisme ? »

« Un christianisme pur, exempt de sang et de parjure, d'hypocrisie et de génuflexion verbeuse. Ne puis-je pas adorer et dire mes prières parmi les nuages ? » Et elle montra le haut plafond et le beau lustre.

"Mais Ida va à l'église", a déclaré Mme Mackinnon. Ida Talboys était sa fille. Or, on peut remarquer que beaucoup de ceux qui renversent les barrières de la religion, dans la mesure où ces barrières peuvent les affecter, les maintiennent néanmoins en faveur de leurs enfants. « Oui », a déclaré Mme Talboys ; « Chère Ida ! son esprit doux n'est pas encore adapté pour recevoir la vérité parfaite. Nous sommes obligés de gouverner les enfants par la force de leurs préjugés. Et puis elle s'éloigna, car il était rare que Mme Talboys restât longtemps en conversation avec une dame.

Mackinnon, je crois, s'est vite lassé d'elle. Il aimait sa flatterie et déclara d'abord qu'elle était intelligente et gentille ; mais sa gentillesse était trop purement céleste pour satisfaire ses goûts ordinaires. Mackinnon lui-même peut se délecter parmi les nuages dans ses propres écrits et peut parfois nous laisser douter de son intention de revenir un jour sur terre ; mais quand son pied est sur la terre ferme, il aime à sentir le substrat terrestre qui supporte son poids. Avec les femmes, il aime une main qui peut rester un moment inutile dans la sienne, un œil qui peut briller de l'éclat du champagne, un cœur assez faible pour faire trembler le bras de son propriétaire dans le sien sous l'obscurité lunaire des arches du Colisée. Un soupçon de sentiment rend toutes ces choses plus douces ; mais le sentiment seul ne lui suffira pas. Mme Talboys a, je crois, bu sa coupe de champagne, comme le font les autres dames ; mais avec elle, cela n'avait pas un effet aussi agréable. Cela lui délia seulement la langue, mais jamais son œil. Son bras, je crois, n'a jamais tremblé et sa main ne s'est jamais attardée. Le général était toujours en sécurité et peut-être heureux dans sa sécurité solitaire.

Il se trouve que nous avions malheureusement parmi nous deux artistes qui s'étaient disputés avec leurs femmes. O'Brien, dont j'ai déjà parlé, était l'un d'eux. Dans son cas, je crois qu'il était presque aussi exempt de reproches que peut l'être un homme dont le mariage était en soi une faute. Cependant, il avait une femme en Irlande d'une dizaine d'années plus âgée que lui ; et même s'il pouvait parfois presque l'oublier, ses amis et ses voisins en étaient bien conscients. Dans l'autre cas, la faute était probablement entièrement imputable au mari. C'était un homme de mauvaise humeur, de mauvais cœur, assez intelligent, mais sans principes ; et il était continuellement coupable du grand péché de dire du mal de la femme dont il aurait dû vouloir protéger le nom. Dans les deux cas, notre amie Mme Talboys s'est montrée chaleureusement intéressée et, dans chacun d'eux, elle a sympathisé avec le mari actuel contre la femme absente.

Mackinnon nous parlait de la consolation qu'elle offrait dans ce dernier cas. Il répétait à sa femme, à moi et à ma femme, les conversations qu'elle avait avec lui. « Pauvre Brown ; » elle disait : « Je le plains, du fond du cœur. »

"Vous savez qu'il s'est consolé dans sa désolation", répondit Mackinnon.

« Je sais très bien à quoi vous faites allusion. Je pense pouvoir dire que je connais toutes les circonstances de ce sacrifice déchirant. Mme Talboys avait tendance à se vanter de la confiance totale que lui témoignaient tous ceux auxquels elle s'intéressait. "Oui, il a cherché dans un autre amour autant de réconfort que le monde dur et cruel lui permettait."

"Ou peut-être quelque chose de plus que cela", a déclaré Mackinnon. « Il a une famille ici à Rome, vous savez ; deux petits bébés.

«Je le sais, je le sais», dit-elle. « Anges chérubins ! » Et tout en parlant, elle leva les yeux vers le visage laid de Marc Aurèle ; car ils se trouvaient en ce moment sous la figure du grand cavalier du Capitole. « Je les ai vus, et ce sont les enfants de l'innocence. Si tout le sang de tous les Howard coulait dans leurs veines, cela ne pourrait pas rendre leur naissance plus noble !

"Pas si le père et la mère de tous les Howard n'avaient jamais été mariés", a déclaré Mackinnon.

"Quoi; cela de votre part, M. Mackinnon ! » dit Mme Talboys en tournant le dos avec énergie à la statue équestre et en regardant les visages, d'abord de Pollux, puis de Castor, comme si d'eux elle pouvait s'inspirer sur un sujet que Marc Aurèle, dans sa froideur, avait nié. à elle. « De vous qui avez si noblement revendiqué pour l'humanité les attributs divins de la libre action ! De vous, qui avez appris à mon esprit à planer au-dessus des petits liens qu'un homme dans sa petitesse invente pour soumettre son frère. Mackinnon ! toi qui es si grand ! Et elle leva maintenant les yeux vers son visage. "Mackinnon, annule ces mots."

« Ils *sont* illégitimes, dit-il ; « et s'il y avait quelque propriété foncière… »

« Propriété foncière ! et ça d'un Américain !

"Les enfants sont anglais, vous savez."

« Propriété foncière ! Le temps viendra bientôt – oui, et je le vois venir – où ce mot haineux sera effacé du calendrier ; quand la propriété foncière ne sera plus. Quoi! L'âme libre d'un homme né de Dieu se soumettra-t-elle pour toujours à de telles entraves ? N'échapperons-nous jamais à l'argile qui a si longtemps enchaîné les particules les plus subtiles de l'esprit divin ? Oui, oui, Mackinnon ; » puis elle le prit par le bras et le conduisit au sommet des immenses marches qui descendent du Capitole dans les rues de la Rome moderne. « Regardez cette multitude innombrable. » Mackinnon baissa les yeux et vit trois groupes de soldats français, avec trois ou quatre petits hommes dans chaque groupe ; il aperçut aussi deux sales frères et trois prêtres qui commençaient très lentement la montée latérale vers l'église de l'Ara Cœli. « Regardez cette multitude innombrable », dit Mme Talboys, et elle étendit les bras sur la ville à moitié déserte. « Ils échappent maintenant à ces entraves, maintenant, maintenant, maintenant que je parle.

«Ils ont échappé depuis longtemps à toutes les entraves telles que celle de la propriété foncière», a déclaré Mackinnon.

« Oui, et de tous les liens terrestres », continua-t-elle, sans remarquer exactement le caractère essentiel de sa dernière observation ; «Des liens quasi-terrestres et quasi-célestes. Les membres bien formés du siècle présent, ruisselant de rapides flots de sang généreux, ne supporteront plus les ligatures que les temps passés ont tissées pour les décrépits. méprisez cette multitude, Mackinnon ; ils seront tous libres. Et puis, le tenant toujours par le bras, et toujours debout en haut de cet escalier, elle proféra sa prophétie avec la fureur d'une Sybille.

« Ils seront tous libres. Oh, Rome, éternelle ! toi qui as courbé le cou devant l'orgueil impérial et l'habileté sacerdotale ; toi qui as tant souffert, jusqu'à cette heure, depuis Néron jusqu'à Pio Nono, les jours de ton oppression sont terminés. Fini à jamais le fracas des cohortes prétoriennes et le bourdonnement plus odieux des moines intrusifs ! Et pourtant, comme Mackinnon l'a observé, il y avait toujours les sales frères et les petits soldats français ; et là peinaient encore les lents prêtres, montant leur pénible chemin jusqu'à l'église de l'Ara Cœli. Mais c'était là une vision banale de la question, une vision que Mme Talboys n'avait pas prise en compte dans son extase. « Ô Italia, continua-t-elle, ô Italia una, une et indivisible dans tes droits, et indivisible aussi dans tes torts ! il nous est donné de voir l'accomplissement de ta gloire. Autour de vos autels se lèvera un peuple plus grand dans les annales du monde que vos Scipions, vos Gracques ou vos Césars. Ce ne sont pas des torrents de sang ni les cris de mères endeuillées qui terniront tes nouveaux triomphes. Mais l'esprit dominera la matière ; et condamnés, avec les papes et les Bourbons, avec les cardinaux, les diplomates et les espions de la police, l'ignorance et les préjugés seront chassés de vos terrasses souriantes. Et alors Rome redeviendra la belle capitale de la région la plus belle d'Europe. Ici afflueront les artisans du monde, entassant dans vos marchés tout ce que Dieu et l'homme peuvent donner. La richesse, la beauté et l'innocence se rencontreront dans tes rues… »

« Il y aura un changement considérable avant que cela ne se produise », a déclaré Mackinnon.

"Il y aura un changement considérable", répondit-elle. « Mackinnon, il t'est donné de lire les signes des temps ; et tu n'as pas lu ? Pourquoi les champs de Magenta et de Solférino sont-ils remplis de cadavres de héros mourants ? Pourquoi les eaux du Mincio sont-elles devenues rouges du sang des martyrs ? Pour que l'Italie soit unie et Rome immortelle. Ici, debout sur le Capitole de l'ancienne ville, je dis qu'il en sera ainsi ; et toi, Mackinnon, qui m'écoutes, tu sais que mes paroles sont vraies.

Il n'y avait pas alors à Rome, je pourrais presque dire qu'il n'y avait pas en Italie, un Anglais ou un Américain qui ne voulait pas du bien à la cause pour laquelle l'Italie combattait et lutte encore ; de même qu'il n'y a presque personne qui ne considère aujourd'hui cette cause comme presque triomphante ; mais néanmoins il était presque impossible de sympathiser avec Mme Talboys. Comme l'a dit Mackinnon, elle volait si haut qu'il n'y avait aucun confort à voler avec elle.

« Eh bien, dit-il, Brown et les autres sont en bas. Allons-nous les rejoindre ?

« Pauvre Brun ! Comment se fait-il qu'en parlant de ses malheurs nous ayons été amenés à ce thème poignant ? Oui, je les ai vus, les doux anges ; et je vous dis aussi que j'ai vu leur mère. J'ai insisté pour aller la voir quand j'ai entendu parler de son histoire.

"Et comment est-elle, Mme Talboys?"

"Bien; l'éducation a fait plus pour certains d'entre nous que pour d'autres ; et il y a ceux dont nous pourrions heureusement tirer une leçon de la morale et des sentiments, dont les manières et les gestes extérieurs ne sont pas tels que la coutume nous a rendu agréables. Vous, je sais, pouvez comprendre cela. Je l'ai vue et je suis sûr qu'elle a le cœur pur et des principes élevés. Ne s'est-elle pas sacrifiée ; et le sacrifice de soi n'est-il pas la garantie la plus sûre d'une véritable noblesse de caractère ? Mme Mackinnon s'opposerait-elle à ce que je les réunisse ?

Mackinnon fut obligé de déclarer qu'il pensait que sa femme s'y opposerait ; et à partir de ce moment, lui et Mme Talboys cessèrent d'être très proches dans leur amitié. Elle venait encore à la maison tous les dimanches soir, se rafraîchissait toujours aux fontaines de ses ruisseaux littéraires ; mais ses prophéties particulières se répandirent désormais dans d'autres oreilles. Et il se trouve qu'O'Brien est devenu son principal allié. Je ne me souviens pas qu'elle se soit beaucoup plus occupée des anges chérubins ou de leur mère ; et j'ai tendance à penser qu'en reprenant chaleureusement, comme elle l'a fait, l'histoire des torts matrimoniaux d'O'Brien, elle a oublié la petite histoire des Brown. Quoi qu'il en soit, Mme Talboys et O'Brien devenaient désormais strictement confidentiels, et elle s'étendait ensemble pendant une demi-heure sur les misères de la situation de son amie, à quiconque pouvait l'entendre.

« Je vais vous dire, Fanny », dit un jour Mackinnon à sa femme, à sa femme et à la mienne, car nous étions tous ensemble ; « Nous allons avoir une bagarre dans la maison si nous n'y prenons pas garde. O'Brien fera l'amour avec Mme Talboys.

"C'est absurde", a déclaré Mme Mackinnon. "Vous pensez toujours que quelqu'un va faire l'amour avec quelqu'un."

"Il y en a toujours", dit-il.

« Elle est assez vieille pour être sa mère », a déclaré Mme Mackinnon.

"Qu'importe pour un Irlandais ?" dit Mackinnon. "En outre, je doute qu'il y ait plus de cinq ans de différence entre eux."

«Il doit y avoir plus que cela», dit ma femme. "Ida Talboys a douze ans, je sais, et je ne suis pas sûr qu'Ida soit l'aînée."

"Si elle avait un fils dans la Garde, cela ne ferait aucune différence", a déclaré Mackinnon. «Il y a des hommes qui se considèrent obligés de faire l'amour avec une femme dans certaines circonstances, quel que soit l'âge de la dame. O'Brien en est un ; et si elle sympathise beaucoup plus souvent avec lui, il se trompera et se mettra à genoux. Vous devriez le mettre en garde, dit-il en s'adressant à sa femme.

«En effet, je ne ferai rien de tel», dit-elle; « s'ils sont deux imbéciles, ils doivent, comme les autres imbéciles, payer le prix de leur folie. » En règle générale, il ne pouvait y avoir de créature plus douce que Mme Mackinnon ; mais il me semblait que sa tendresse ne s'étendait jamais vers Mme Talboys.

C'est précisément à cette époque, vers la fin du mois de novembre, que nous fîmes une fête pour visiter les tombeaux qui se trouvent le long de la voie Appienne, au-delà du plus beau de tous les sépulcres, le tombeau de Cécilia Metella. C'était une journée délicieuse, et nous avions parcouru cette route pendant quelques kilomètres au-delà des murs de la ville, profitant de la plus belle vue qu'offre le quartier de Rome, en regardant les merveilleuses ruines des anciens aqueducs, vers le haut. Tivoli et Palestrina. De tous les environs de Rome, par temps clair, celui-ci est le plus enchanteur ; et c'est peut-être ici, parmi un monde de tombeaux, que les pensées et presque les souvenirs des temps anciens, très anciens, se présentent avec la plus grande force. La grandeur de Rome est mieux vue et comprise sous les murs du Colisée, et sa beauté parmi les piliers du Forum et les arches de la Voie Sacrée ; mais son histoire et sa chute deviennent plus palpables à l'esprit et plus clairement comprises ici parmi les tombeaux, où les yeux se posent sur les montagnes dont les ombres étaient fraîches pour les anciens Romains comme pour nous, que partout ailleurs dans les murs de l'Empire. ville. Ici, nous regardons le même Tivoli et le même Præneste, scintillant au soleil, enfouis parmi les vallées lointaines qui leur étaient chères ; et les montagnes bleues ne se sont pas effondrées en ruines. À Rome même, nous ne pouvons rien voir comme ils le voyaient.

Notre groupe se composait d'une douzaine ou d'une quinzaine de personnes, et comme un panier contenant un déjeuner avait été laissé sur la pente herbeuse au pied de la tombe de Cecilia Metella, l'expédition avait quelque chose de la nature d'un pique-nique. Mme Talboys était bien sûr avec nous, ainsi qu'Ida Talboys. O'Brien était également là. Le panier avait été préparé dans la chambre de Mme Mackinnon, sous le regard immédiat de Mackinnon lui-même, et ils étaient donc considérés comme les esprits dominants de la fête. Ma femme était de mèche avec Mme Mackinnon, comme c'était habituellement le cas ; et il semblait y avoir une opinion générale parmi ceux qui étaient étroitement en confiance, que quelque chose allait se passer dans l'affaire O'Brien-Talboys. Les deux hommes avaient été inséparables la veille au soir, car Mme Talboys avait conseillé au jeune Irlandais ses conseils concernant ses problèmes domestiques. Sir Cresswell Cresswell, lui avait-elle dit, était son refuge. « Pourquoi son âme devrait-elle se soumettre à des liens que le monde avait maintenant déclarés intolérables ? Le divorce n'était plus désormais le privilège des riches dissolus. Les esprits incompatibles n'ont plus besoin d'être obligés de s'inquiéter sous les mêmes pavés. Bref, elle lui avait recommandé d'aller en Angleterre et de se débarrasser de sa femme, comme elle aurait, avec un peu d'encouragement, recommandé à n'importe quel homme de se débarrasser de n'importe quoi. Je suis sûr que, si elle avait été habilement amenée à aborder le sujet, elle aurait pu être amenée à se prononcer contre des ligatures corporelles telles que des manteaux, des gilets et des pantalons. Ses aspirations à la liberté ignoraient toutes les limites et, en théorie, il n'existait aucune barrière qu'elle ne souhaitait démolir.

Le pauvre O'Brien, comme nous commencions tous maintenant à le constater, avait mal pris l'affaire. Il avait proposé de faire un buste de Mme Talboys, et elle avait consenti, exprimant le souhait qu'il puisse trouver une place parmi ceux qui s'étaient consacrés à l'émancipation de leurs semblables. Je pense vraiment qu'elle n'avait que peu de la vanité personnelle habituelle d'une femme. Je sais qu'elle avait l'idée que ses yeux étaient éclairés dans ses moments les plus chauds par quelque feu spécial, que des étincelles de liberté brillaient autour de son front et que sa poitrine se soulevait d'aspirations glorieuses ; mais tous ces sentiments se rapportaient à son génie intérieur, non à une quelconque beauté extérieure. Mais O'Brien a mal compris la femme et a jugé nécessaire de la regarder en face et de soupirer comme si son cœur se brisait. En effet, il déclara à un jeune ami que Mme Talboys était parfaite dans son style de beauté et commença le buste avec cette idée. Il devenait peu à peu clair pour nous tous qu'il se ferait du mal ; mais dans une telle affaire, qui peut avertir un homme ?

Mme Mackinnon avait réussi à les séparer ce jour-là lors des arrangements de transport, mais cela n'avait fait qu'alimenter le feu qui brûlait maintenant dans le sein d'O'Brien. Je crois qu'il l'aimait vraiment, à sa manière irlandaise facile, enthousiaste et susceptible. Qu'il se remettrait de ce petit épisode sans blessure grave au cœur, personne n'en doutait ; mais alors, que se passerait-il une fois la déclaration faite ? Comment Mme Talboys supporterait-elle cela ?

"Elle le mérite", a déclaré Mme Mackinnon.

« Et deux fois plus », a ajouté ma femme. Pourquoi les femmes sont-elles si méchantes les unes envers les autres ?

Tôt dans la journée, Mme Talboys grimpa au sommet d'une tombe et prononça un petit discours, tenant un parasol au-dessus de sa tête. Sous ses pieds, disait-elle, reposaient les cendres de quelque sénateur bouffi, de quelque glouton de l'empire, qui avait englouti dans sa gueule les provisions nécessaires à une tribu. La vieille Rome était tombée à cause d'un tel égoïsme ; mais la nouvelle Rome n'oublierait pas la leçon. Tout cela s'est très bien passé, et ensuite O'Brien l'a aidée à descendre ; mais après cela, il n'y avait plus aucun moyen de les séparer. Pour sa part, elle aurait préféré avoir Mackinnon à ses côtés. Mais Mackinnon avait désormais trouvé un autre coude.

« Cela suffit, c'était comme un festin », avait-il dit à sa femme. C'est pourquoi Mme Talboys, tout à fait inconsciente du mal, s'est laissée absorber par O'Brien.

Et puis, vers trois heures, nous sommes retournés au panier. Dans de telles circonstances, un déjeuner signifie toujours un dîner et nous nous sommes arrangés pour un repas très confortable. Pour ceux qui connaissent le tombeau de Cecilia Metella, aucune description de la scène n'est nécessaire, et pour ceux qui ne la connaissent pas, aucune description ne donnera une idée juste de sa réalité. C'est elle-même une grande tour basse, de grand diamètre, mais de belles proportions, dressée loin de la ville, tout près du côté de l'ancienne voie romaine. Il a été crénelé au sommet par un baron des derniers jours, afin qu'il puisse servir à protéger le château qui a été construit dessus et qui y est attaché. Si je me souviens bien, cela a été fait par un des Frangipaniers, et il en a fait une très belle ruine. Je ne connais aucune vieille résidence crénelée en ruine en Italie plus pittoresque que cet annexe baronnial du vieux tombeau romain, ou qui correspond mieux aux idées engendrées dans nos esprits par Mme Radcliffe et les Mystères d'Udolpho. Il s'étend le long de la route, protégé du côté de la ville par le fier sépulcre de la matrone romaine, et jusqu'aux longs murs en ruine de l'arrière de l'édifice s'étend une pente herbeuse, au pied de laquelle se trouvent les restes d'un vieux cirque romain. Au-delà se trouve la ligne longue, mince et gracieuse de l'aqueduc Claudian, avec Soracte au loin sur la gauche, et Tivoli, Palestine et Frascati s'étendant parmi les collines qui limitent la vue. Ce baron Frangipanier avait raison, et j'espère qu'il a tiré la valeur de son argent de la résidence qu'il s'est construit. Je doute cependant qu'il ait fait peu de bien à ceux qui vivaient dans son voisinage immédiat.

Nous avons eu un petit banquet très confortable, assis sur les blocs de pierre brisés qui gisent sous les murs du tombeau. Je me demande si l'ombre de Cecilia Metella nous regardait de haut. Nous avons beaucoup entendu parler d'elle ces derniers jours, et pourtant nous ne savons rien d'elle, et nous ne pouvons pas non plus concevoir pourquoi elle a été honorée d'un tombeau plus grand que n'importe quelle autre matrone romaine. Il y en avait alors parmi notre groupe qui croyaient qu'elle pourrait encore revenir parmi nous et, avec l'aide nécessaire d'un esprit sensible apparenté, nous expliquer la cause de la libéralité de son mari, veuf. Hélas, hélas ! si nous pouvons juger des Romains par nous-mêmes, la véritable raison d'une telle grandeur sépulcrale ne reviendrait guère au crédit de la dame Cecilia Metella elle-même, ni à celui de Crassus, son seigneur endeuillé et désolé.

Elle n'est pas venue parmi nous à l'occasion de ce banquet, peut-être parce que nous n'avions pas de tables à tourner pour préparer sa présence ; mais, si elle l'avait fait, elle n'aurait pas pu être plus éloquente sur les choses de l'autre monde que ne l'était Mme Talboys. J'ai dit que l'œil de Mme Talboys n'a jamais été plus brillant après une coupe de champagne, mais j'ai tendance à penser qu'en cette occasion, il a pu le faire. O'Brien a promulgué Ganymède et était peut-être plus libéral que les autres Ganymède des derniers jours, aux services desquels Mme Talboys était habituée. Que personne cependant ne soupçonne qu'elle dépassait les limites d'une joie discrète. En aucun cas ! Le vin généreux pénétrait peut-être jusqu'à quelques cellules intérieures de son cœur, et faisait naître des pensées en paroles pétillantes, qui autrement auraient pu rester cachées ; mais il n'y avait rien dans ce qu'elle pensait ou disait de nature à offenser soit un anachorète, soit une vestale. Elle dit ou chanta un mot ou deux à propos du bol qui coule, et une fois elle appela Falernian ; mais au-delà de cela, sa conversation portait principalement sur les droits de l'homme et la faiblesse des femmes ; des âges de fer passés et des temps d'or à venir.

Elle porta un toast et but aux espoirs des derniers historiens du XIXe siècle. C'est alors qu'elle dit à O'Brien : « Remplissez le bol de vin de Samian. » L'Irlandais la prit au mot, et elle souleva le pare-chocs et l'agita au-dessus de sa tête avant de le porter à ses lèvres. Je dois déclarer qu'elle n'en a pas renversé une goutte. « Le vrai « raisin de Falernie » », dit-elle en déposant le verre vide sur l'herbe sous son coude. Du champagne Viler, je ne crois pas l'avoir jamais avalé ; mais c'est la théorie du vin, et non son corps palpable, présent là, pour ainsi dire, dans la chair, qui l'inspire. Il y avait vraiment quelque chose de grand chez elle à cette occasion, et son enthousiasme était presque réalité.

Mackinnon était amusé et l'encourageait, comme moi aussi, je dois l'avouer. Mme Mackinnon fit de petits signes inutiles à son mari, craignant vraiment que le Falernien ne fasse trop ses bons offices. Ma femme, me séparant pendant que je faisais le tour du cercle en distribuant des viandes, remarqua que « cette femme était une imbécile et qu'elle se déshonorerait ». Mais j'ai observé qu'après s'être débarrassée de ce pare-chocs, elle n'adorait le dieu rose qu'en théorie et ne voyait donc aucune occasion d'intervenir. « Viens, Bacchus, dit-elle ; « Et viens, Silène, si tu le veux ; Je sais que vous tournez autour des tombes de vos favoris disparus. Et vous aussi, nymphes d'Égérie », et elle montra le bosquet classique qui était presque proche de nous alors que nous étions assis là. « Autrefois, vous ne méprisiez pas toujours les demeures des hommes. Mais pourquoi devrions-nous invoquer la présence des dieux, nous qui pouvons nous-mêmes devenir divins ! Nous sommes nous-mêmes les divinités de l'époque actuelle. Pour nous, les tables seront couvertes d'ambroisie ; pour nous le nectar coulera.

Dans l'ensemble, c'était une très bonne plaisanterie, pendant un moment ; et dès que nous en fûmes fatigués, nous nous levâmes de nos sièges et commençâmes à nous promener dans les lieux. Il commençait à faire un peu de crépuscule et un peu de fraîcheur, mais l'air du soir était agréable, et les dames, mettant leurs châles, ne parurent pas tout de suite vouloir monter dans les voitures. En tout cas, Mme Talboys n'était pas si encline, car elle descendit la colline en direction du long muret du vieux cirque romain, au pied de la colline ; et O'Brien, tout près d'elle, commença avec elle.

« Ida, ma chère, tu ferais mieux de rester ici, dit-elle à sa fille ; "Tu seras fatigué si tu viens aussi loin que nous allons."

"Oh, non, maman, je ne le ferai pas", dit Ida. "Tu te fatigues beaucoup plus vite que moi."

« Oh, oui, vous le ferez ; d'ailleurs je ne veux pas que tu viennes. C'était fini pour Ida, et Mme Talboys et O'Brien sont partis ensemble, pendant que nous nous regardions tous en face.

« Ce serait une œuvre de charité que de les accompagner », a déclaré Mackinnon.

« Alors, soyez charitable, » dit sa femme.

« Ce devrait être une dame », dit-il.

"C'est dommage que la mère des chérubins impeccables ne soit pas là pour l'occasion", dit-elle. "Je ne pense pas qu'une personne moins douée puisse entreprendre un tel sacrifice." Mais une telle tentative eût été trop tardive, car ils étaient déjà au bas de la colline. O'Brien avait certainement bu librement du contenu pernicieux de ces bouteilles à long col ; et bien que personne ne puisse l'accuser à juste titre d'être ivre, néanmoins ce qui aurait pu enivrer les autres l'avait rendu audacieux, et il a osé faire - peut-être plus que ce qui pourrait devenir un homme. Si, dans quelque circonstance que ce soit, il pouvait être assez fou pour avouer son amour à Mme Talboys, on pourrait s'attendre, comme nous le pensions tous, à ce qu'il le fasse maintenant.

Nous les avons observés se diriger vers une brèche dans le mur qui menait au grand espace clos de l'ancien cirque. C'était une arène pour les jeux de chars, et ils y étaient descendus dans le but avoué de chercher où aurait pu se trouver la méta et de vérifier comment les conducteurs auraient pu tourner à pleine vitesse. Depuis un moment, nous entendions leurs voix, ou plutôt sa voix surtout. « Le cœur d'un homme, O'Brien, devrait suffire à toutes les situations d'urgence », l'avions-nous entendu dire. Elle avait pris l'étrange habitude d'appeler les hommes par leurs noms simples, comme les hommes s'adressent les uns aux autres. Lorsqu'elle avait fait cela à Mackinnon, qui était beaucoup plus âgé qu'elle, cela nous avait tous amusés, et d'autres dames de notre groupe avaient pris l'habitude de l'appeler « Mackinnon » lorsque Mme Talboys n'était pas là ; mais nous avions senti la comédie moins sûre avec O'Brien, surtout quand, un jour, nous l'avions entendu l'appeler Arabella. Elle ne parut nullement frappée par cette attitude, et nous supposâmes donc que cela était devenu fréquent entre eux. Quelle réponse il fit à ce moment-là au sujet du cœur d'un homme, je ne le sais ; et puis, au bout de quelques minutes, ils disparurent à travers la brèche du mur.

Aucun de nous ne les suivit, même si cela eût semblé la chose la plus naturelle au monde si rien d'extraordinaire n'avait été prévu. Nous restâmes là autour du tombeau, interrogeant les petites faiblesses de notre cher ami, et espérant qu'O'Brien serait prompt dans ce qu'il faisait. Qu'il recevrait sans aucun doute une gifle – métaphoriquement – nous en étions tous certains, car aucun de nous ne doutait de la convenance rigide des intentions de la dame. Certains d'entre nous se sont promenés dans les bâtiments, d'autres sont sortis sur la route ; mais nous pensions tous qu'O'Brien était très lent longtemps avant de voir Mme Talboys réapparaître à travers la brèche.

Mais enfin elle fut là, et nous vîmes aussitôt qu'elle était seule. Elle s'avança, traversant la colline à pas rapides, et quand elle s'approcha, nous pûmes voir qu'il y avait un froncement de sourcils comme celui d'une majesté offensée sur son front. Mackinnon et sa femme sont allés à sa rencontre. Si elle était réellement en difficulté, il conviendrait de l'aider d'une manière ou d'une autre ; et de toutes les femmes, Mme Mackinnon fut la dernière à voir une autre femme souffrir de mauvais traitements sans tenter de l'aider. «Je ne l'ai certainement jamais aimée», a déclaré par la suite Mme Mackinnon; "mais j'étais obligé d'aller entendre son histoire, alors qu'elle avait vraiment une histoire à raconter."

Et Mme Talboys avait désormais une histoire à raconter, si elle choisissait de la raconter. Les dames de notre parti déclarèrent plus tard qu'elle aurait agi plus sagement si elle avait gardé pour elle les paroles et la réponse d'O'Brien. « Elle était parfaitement capable de prendre soin d'elle-même », a déclaré Mme Mackinnon ; " et après tout, cet idiot avait accepté une réponse quand il l'avait reçue. " Cependant, O'Brien n'avait pas compris sa réponse tout de suite, d'après ce que j'ai pu comprendre d'après ce que nous avons appris à ce sujet par la suite.

À ce moment-là, Mme Talboys remontait la colline toute seule et d'un pas rapide. « Cet homme m'a insultée », dit-elle à voix haute, aussi bien que son souffle haletant le lui permettait, et dès qu'elle serait assez près de Mme Mackinnon pour lui parler.

«Je suis désolée pour cela», a déclaré Mme Mackinnon. "Je suppose qu'il a bu un peu trop de vin."

"Non; c'était une insulte préméditée. Cet idiot au cœur vil n'a pas réussi à comprendre le sens d'une sympathie véritable et honnête.

"Il oubliera tout cela quand il sera sobre", dit Mackinnon, dans l'intention de la réconforter.

« Qu'importe ce qu'il se souvient ou ce qu'il oublie ! » dit-elle en se tournant vers le pauvre Mackinnon avec indignation. « Vous, les hommes, rampez tellement dans vos idées… » « Et pourtant, » comme Mackinnon le dit plus tard, « elle me disait que j'étais un imbécile depuis trois semaines. » – « Vous les hommes, vous rampez tellement dans vos idées, que vous Je ne peux pas comprendre les sentiments d'une femme au cœur sincère. Que peut être pour moi son oubli ou son souvenir ? Ne dois-je pas me souvenir de cette insulte ? Est-il possible que je l'oublie ?

M. et Mme Mackinnon étaient seulement allés à sa rencontre ; mais néanmoins elle parlait si haut que tous l'entendaient, qui étaient encore groupés autour de la place où nous avions dîné.

« Qu'est devenu M. O'Brien ? m'a murmuré une dame.

J'avais une jumelle avec moi et, regardant autour de moi, j'aperçus son chapeau alors qu'il se promenait à l'intérieur des murs du cirque en direction de la ville. « Et il doit se sentir très stupide », dit la dame.

"Il est sans doute habitué", dit un autre.

"Mais vu son âge, vous savez", dit la première, qui pouvait avoir peut-être trois ans de moins que Mme Talboys, et qui n'était pas elle-même opposée à l'excitation d'un flirt modéré. Mais alors pourquoi aurait-elle dû s'y opposer, sachant qu'elle n'était encore soumise à la volonté d'aucun seigneur impérial ?

« Il se serait senti bien plus bête, dit le troisième, si elle avait écouté ce qu'il lui disait. »

"Eh bien, je ne sais pas", dit le second; "Personne n'en aurait rien su à ce moment-là, et en quelques semaines, ils se seraient progressivement lassés l'un de l'autre, comme d'habitude."

Mais entre-temps, Mme Talboys était parmi nous. Il n'y avait eu aucune tentative de secret, et elle s'insurgeait toujours bruyamment contre les tendances rampantes des hommes. « C'est tout à fait vrai, Mme Talboys, » dit l'une des dames les plus âgées ; « Mais les femmes ne sont pas toujours aussi prudentes qu'elles devraient l'être. Bien entendu, je ne veux pas dire qu'il y ait eu une faute de votre part.

« Faute de ma part ! Bien sûr, il y a eu une faute de ma part. Personne ne peut commettre une erreur sans faute dans une certaine mesure. Je l'ai pris pour un homme sensé, et c'est un imbécile. Allez vraiment à Naples !

« Voulait-il que tu ailles à Naples ? » demanda Mme Mackinnon.

"Oui; c'est ce qu'il a suggéré. Nous devions partir demain en train pour Civita Vecchia à six heures du matin et prendre le bateau à vapeur qui quitte Livourne ce soir. Ne me parle pas de vin. Il y était préparé ! » Et elle nous regardait autour de nous avec un air de majesté blessée qui était presque insupportable.

"Je me demande s'il a pris les billets du jour au lendemain", a déclaré Mackinnon.

"Naples!" » dit-elle comme si elle s'adressait désormais exclusivement à elle-même ; « Le seul pays d'Italie qui n'ait encore mené aucune lutte pour la liberté ; une résidence convenable pour un tel ignoble !

« Vous auriez trouvé cette saison très agréable », dit la dame célibataire, de trois ans sa cadette.

Ma femme avait éloigné Ida lorsque la première note de plainte de Mme Talboys avait été entendue en montant la colline. Mais maintenant, alors que les choses commençaient à se calmer progressivement, elle la ramena, suggérant, ce faisant, qu'ils pourraient commencer à penser à revenir.

« Il fait très froid, Ida, ma chérie, n'est-ce pas ? dit-elle.

"Mais où est M. O'Brien?" dit Ida.

« Il s'est enfui, comme toujours les poltrons volent », dit Mme Talboys. Je crois dans mon cœur qu'elle aurait été heureuse de l'avoir là, au milieu du cercle, et de l'avoir publiquement triomphé parmi nous tous. Aucun sentiment de honte ne l'aurait tenue silencieuse un instant.

"Fuite!" dit Ida en regardant le visage de sa mère.

"Oui, j'ai fui, mon enfant." Et elle saisit sa fille dans ses bras et la serra contre son sein. "Les lâches volent toujours."

« M. O'Brien est-il un lâche ? » demanda Ida.

« Oui, un lâche, un très lâche ! Et il s'est enfui sous le regard d'une honnête femme. Venez, Mme Mackinnon, devons-nous retourner en ville ? Je suis désolé que l'amusement du jour ait reçu ce chèque. Et elle s'avança vers la voiture et y prit place d'un air qui montrait qu'elle était fière de la manière dont elle s'était conduite.

« Elle est un peu prétentieuse après tout », dit cette dame célibataire. « Si le pauvre M. O'Brien n'avait pas montré autant d'inquiétude prématurée à propos de ce petit voyage à Naples, les choses se seraient peut-être déroulées tranquillement après tout.

Mais la dame célibataire avait tort dans son jugement. Mme Talboys était fière et vaniteuse en la matière, mais pas fière d'avoir suscité l'admiration de son amant irlandais. Elle était fière de sa propre conduite ultérieure et s'attribuait le mérite de s'être imposée comme une matrone à l'esprit noble. « Je crois qu'elle pense, » dit Mme Mackinnon, « que sa vertu est tout à fait spartiate et unique ; et si elle reste à Rome, elle s'en vantera tout l'hiver.

"Si elle le fait, elle peut être certaine qu'O'Brien fera de même", a déclaré Mackinnon. « Et bien qu'il ait fui le terrain, c'est grâce aux cartes qu'il peut en tirer le meilleur parti. Mme Talboys est une très excellente femme. Elle a prouvé son excellence sans aucun doute. Mais elle est néanmoins susceptible d'être ridiculisée.

Nous éprouvâmes tous un peu d'anxiété en entendant le récit d'O'Brien sur l'affaire, et après avoir déposé les dames chez elles, Mackinnon et moi partîmes chez lui. Au début, on nous l'a refusé, mais au bout d'un moment nous avons fait reconnaître à son domestique qu'il était chez lui, puis nous sommes montés à son atelier. Nous l'avons trouvé assis derrière un modèle à moitié formé, ou plutôt un simple morceau d'argile découpé en quelque chose qui ressemble à une tête, avec une pipe dans la bouche et un bout de bâton à la main. Il faisait semblant de travailler, même si nous savions tous les deux qu'il était hors de question qu'il fasse quoi que ce soit dans son état d'esprit actuel.

« Je crois avoir entendu mon domestique vous dire que je n'étais pas chez moi, dit-il.

"Oui, il l'a fait", a déclaré Mackinnon, "et il l'aurait juré aussi si nous l'avions laissé faire. Allons, ne fais pas semblant d'être maussade.

"Je suis très occupé, M. Mackinnon."

"Je termine votre tête de Mme Talboys, je suppose, avant de partir pour Naples."

« Vous ne voulez pas dire qu'elle vous a tout raconté », et il s'est détourné de son travail et a regardé nos visages avec une expression comique, moitié amusante et moitié désespérée.

« Chaque mot, dis-je. Quand vous voulez qu'une dame voyage avec vous, ne lui demandez jamais de se lever si tôt en hiver.

"Mais, O'Brien, comment peux-tu être un tel connard ?" dit Mackinnon. « Il s'est avéré qu'il n'y a pas eu de mal très grave. Vous avez insulté une respectable femme d'âge moyen, mère de famille et épouse d'un officier général, et c'est fini ; à moins, en effet, que l'officier général vienne d'Angleterre pour vous demander des comptes. .»

« Il est le bienvenu », dit O'Brien avec hauteur.

« Sans aucun doute, mon cher ami, » dit Mackinnon ; « Ce serait une fin digne et agréable à cette affaire. Mais ce que je veux savoir, c'est ceci : qu'auriez-vous fait si elle avait accepté de partir ?

"Il n'a jamais calculé la possibilité d'une telle éventualité", dis-je.

« Par Dieu, alors, j'ai pensé que ça lui plairait », dit-il.

« Et pour l'obliger, vous vous êtes contenté de vous sacrifier », dit Mackinnon.

"Eh bien, c'était juste ça. Que diable peut-on faire quand une femme agit ainsi ? Elle m'a dit là-bas, sur l'ancien hippodrome, vous savez, que les liens matrimoniaux étaient faits pour les imbéciles et les esclaves. Que devais-je supposer qu'elle voulait dire par là ? Mais pour être sûr, je lui ai demandé quel genre de type était le général. « Cher vieil homme, dit-elle en joignant les mains. « Il aurait pu, vous savez, être mon père. «J'aurais aimé qu'il le soit», dis-je, «parce qu'alors tu serais libre.» «Je suis libre», dit-elle en frappant le sol et en me regardant comme pour dire qu'elle ne se souciait de personne. « Alors, dis-je, acceptez tout ce qui reste du cœur de Wenceslaus O'Brien », et je me suis jeté devant elle sur son chemin. « Main, dis-je, je n'en ai aucune à donner, mais le sang qui coule rouge dans mes veines descend d'une double lignée de rois. J'ai dit cela parce qu'elle aime toujours monter à grands chevaux. Je m'étais approché sous le mur pour qu'aucun de vous ne me voie de la tour.

"Et quelle réponse a-t-elle fait?" dit Mackinnon.

« Pourquoi elle était contente en tant que Punch ; elle m'a donné ses deux mains et m'a déclaré que nous serions amis pour toujours. Je crois, Mackinnon, que cette femme n'a jamais rien entendu de pareil auparavant. Le général l'a sans doute fait par lettre.

« Et comment se fait-il qu'elle ait changé d'avis ?

"Pourquoi; Je me levai, lui passai le bras autour de la taille et lui dis que nous partions pour Naples. Je serai heureux si elle ne m'a pas donné un coup dans les côtes qui m'a presque fait reculer. Elle m'a coupé le souffle, de sorte que je ne pouvais pas lui parler.

"Et puis-"

« Oh, il n'y avait plus rien. Bien sûr, j'ai vu comment c'était. Alors elle est partie dans un sens et moi dans l'autre. Dans l'ensemble, je considère que je m'en suis bien sorti.

"Et moi aussi", dit Mackinnon très gravement. "Mais si vous me permettez de vous donner mon avis, je dirais qu'il serait bon d'éviter de telles erreurs à l'avenir."

« Ma foi, » dit O'Brien en s'excusant, « je ne sais pas ce qu'un homme doit faire dans de telles circonstances. Je vous donne mon honneur d'avoir tout fait pour lui rendre service.

Nous avons alors décidé que Mackinnon transmettrait à la dame blessée les humbles excuses de son défunt admirateur. Il fut décidé qu'aucune excuse détaillée ne devrait être avancée. C'était à elle de considérer si l'acte qui avait été accompli avait pu être provoqué par le vin, ou par la folie d'un moment, ou par son propre enthousiasme indiscret. Personne d'autre que ces deux-là n'était présent lorsque le message fut donné, et nous fûmes donc obligés de nous fier à l'exactitude de Mackinnon pour en rendre compte.

Elle se tenait en effet sur un terrain très élevé, dit-il, refusant d'abord d'entendre quoi que ce soit de ce qu'il avait à dire à ce sujet. « Ce jeune homme insensé, déclara-t-elle, était au-dessous de sa colère et au-dessous de son mépris. »

"Ce n'est pas le premier Irlandais rendu indiscret par la beauté", a déclaré Mackinnon.

"Une trêve à cela", répondit-elle en agitant la main avec un air de majesté assumée. « L'incident, aussi méprisable soit-il, m'a été désagréable. Cela nécessitera mon retrait de Rome.

« Oh non, Mme Talboys ; ce serait trop en faire.

« Le plus grand héros vivant, répondit-elle, peut voir sa maison rendre inhabitable à cause d'un tout petit insecte. » Mackinnon a juré que c'étaient ses propres mots. Par conséquent, un sobriquet fut attribué à O'Brien qu'il n'approuva en aucun cas. Et depuis ce jour, nous avons toujours appelé Mme Talboys « la héroïne ».

Mackinnon l'emporta enfin sur elle, et elle ne quitta pas Rome. Elle a même été incitée à envoyer un message à O'Brien, lui transmettant son pardon. Ils se serrèrent la main avec beaucoup d'éclat dans le salon de Mme Mackinnon ; mais je ne pense pas qu'elle lui ait jamais offert de nouveau de la sympathie pour ses problèmes matrimoniaux.

www.ingramcontent.com/pod-product-compliance
Lightning Source LLC
Chambersburg PA
CBHW051422130726
47989CB00007B/3030